Geneviève Dicaire

Outils accessibles et concrets de coaching de gestion

Geneviève Dicaire

Outils accessibles et concrets de coaching de gestion

Améliorez dès maintenant vos compétences de gestion et apprenez à faire des changements durables

Experts

Impressum / Mentions légales

Bibliografische Information der Deutschen Nationalbibliothek: Die Deutsche Nationalbibliothek verzeichnet diese Publikation in der Deutschen Nationalbibliografie; detaillierte bibliografische Daten sind im Internet über http://dnb.d-nb.de abrufbar.

Alle in diesem Buch genannten Marken und Produktnamen unterliegen warenzeichen-, marken- oder patentrechtlichem Schutz bzw. sind Warenzeichen oder eingetragene Warenzeichen der jeweiligen Inhaber. Die Wiedergabe von Marken, Produktnamen, Gebrauchsnamen, Handelsnamen, Warenbezeichnungen u.s.w. in diesem Werk berechtigt auch ohne besondere Kennzeichnung nicht zu der Annahme, dass solche Namen im Sinne der Warenzeichen- und Markenschutzgesetzgebung als frei zu betrachten wären und daher von jedermann benutzt werden dürften.

Information bibliographique publiée par la Deutsche Nationalbibliothek: La Deutsche Nationalbibliothek inscrit cette publication à la Deutsche Nationalbibliografie; des données bibliographiques détaillées sont disponibles sur internet à l'adresse http://dnb.d-nb.de.

Toutes marques et noms de produits mentionnés dans ce livre demeurent sous la protection des marques, des marques déposées et des brevets, et sont des marques ou des marques déposées de leurs détenteurs respectifs. L'utilisation des marques, noms de produits, noms communs, noms commerciaux, descriptions de produits, etc, même sans qu'ils soient mentionnés de façon particulière dans ce livre ne signifie en aucune façon que ces noms peuvent être utilisés sans restriction à l'égard de la législation pour la protection des marques et des marques déposées et pourraient donc être utilisés par quiconque.

Coverbild / Photo de couverture: www.ingimage.com

Verlag / Editeur:
Éditions Vie
ist ein Imprint der / est une marque déposée de
OmniScriptum GmbH & Co. KG
Heinrich-Böcking-Str. 6-8, 66121 Saarbrücken, Deutschland / Allemagne
Email: info@editions-vie.com

Herstellung: siehe letzte Seite /
Impression: voir la dernière page
ISBN: 978-3-639-83469-7

Outils accessibles et concrets de coaching de gestion
Améliorez dès maintenant vos compétences de gestion
et apprenez à faire des changements durables.

Geneviève Dicaire
Coach professionnelle accréditée

INTRODUCTION

Qu'est-ce que le coaching?

Le coaching est un mode d'accompagnement interactif entre un coach et un client ou un groupe de clients, qui permet d'atteindre des objectifs d'affaires ou de développement personnel et professionnel plus rapidement et plus efficacement que si vous n'étiez pas accompagné.

Choisir le coaching signifie que vous êtes vraiment déterminé à obtenir de meilleurs résultats que ceux récoltés jusqu'à présent dans votre vie, peu importe sur quel plan. Par comparaison, travailler avec un coach ressemble au travail de l'entraîneur par rapport à un athlète ou de l'imprésario par rapport à un artiste. Votre coach vous aide avec son expérience, ses outils et sa capacité à bien voir ce qu'il vous manque, mais ce n'est pas lui qui fait la course ou qui monte sur scène. C'est votre partenaire de performance!

Qu'est-ce qu'un coach professionnel accrédité?

Le coach professionnel suit une démarche éprouvée et structurée focalisant sur ce qui est primordial pour vous. Il fournit un cadre propice à la création de stratégies de réussite. Il vous questionne, vous outille et vous propulse dans l'amélioration d'une situation personnelle ou professionnelle. Les bénéfices de cette démarche pourront se traduire par : relever des défis plus stimulants que ceux que vous vous fixeriez par vous-même; acquérir une plus grande confiance en vous; avoir un regain d'audace et d'ambition; exercer une influence positive dans votre entourage; faire davantage ce que vous aimez.

En d'autres mots, le coach professionnel est formé pour écouter et observer, de sorte qu'émergent de vous les solutions et les stratégies pertinentes à votre réussite.

Son accréditation par un organisme reconnu, tel que l'*International Coaching Federation*, vous assure qu'il est lié à un code de déontologie. Il est là pour vous, vous êtes au centre de la démarche. C'est votre partenaire de confiance qui vous accompagne avec objectivité.

Le coaching de gestion

Le coaching de gestion peut vous amener à :

- Découvrir de nouvelles perspectives pour atteindre vos objectifs;
- Porter un regard neuf sur des solutions déjà envisagées par vous;
- Développer des compétences de gestion et du leadership afin d'obtenir un engagement plus soutenu de vos équipes de travail;
- Gérer votre stress en le transformant en impact positif;
- Propulser votre carrière en connaissant mieux vos forces et en sachant saisir les occasions favorables à votre avancement;
- Adapter votre style de gestion aux multiples changements organisationnels rencontrés;
- Créer des relations interpersonnelles vous permettant d'atteindre vos objectifs.

Un coach de gestion aide à faire émerger ou confirmer le mode personnel de gestion de ses clients puis à les accompagner dans le développement d'une plus grande flexibilité dans leur manière de voir, de réfléchir et d'agir.

Ma vision

Ma vision est de contribuer à l'effet positif des gestionnaires et des dirigeants pour que cela ait un impact bénéfique pour eux et par ricochet sur l'environnement de travail de tous! Plus conscients d'eux-mêmes et mieux outillés, ils pourront créer des environnements où il fait bon vivre, et rendre leur organisation productive et rentable. C'est la fusion de l'humain et des résultats!

Mon approche

Pour réaliser cette vision, je privilégie trois étapes distinctes, pouvant être exécutées en parallèle. Premièrement, il s'agit de commencer par soi-même (mieux se gérer). Cela aura pour effet d'être mieux outillé pour le deuxième point : gérer son équipe. Finalement, les deux étapes précédentes seront des bases solides pour mieux gérer ses affaires. Se gérer, gérer les autres, gérer ses affaires : c'est le parcours qui vous est proposé dans ce livre. En même temps, vous êtes libre de choisir votre propre parcours. C'est-à-dire que vous pouvez aller directement au thème et même au sous-thème désiré.

Profitez des outils à votre rythme et dans l'ordre qui vous convient le mieux.

Voici un bref aperçu des trois sections principales :

1. Se gérer

Nous avons davantage intégré l'impression confuse et quasi-constante de la culpabilité de chacun par rapport à l'autre que le sens éclairé de la responsabilité de chacun.
– Thomas D'Ansembourg

Oui, tout passe par vous d'abord. Vous trouvez dans cette section plusieurs thèmes et outils pour supporter votre démarche personnelle.

2. Gérer les autres

Quoi qu'il fasse, le gestionnaire est sans cesse poursuivi parce ce qu'il pourrait et devrait faire.
- Henry Mintzberg

Plusieurs défis que vous vivrez en tant que gestionnaire pourront être supportés par les thèmes et outils que vous trouverez dans cette partie.

3. Gérer ses affaires

Ce n'est pas le plus fort ni le plus intelligent qui survit, c'est celui qui a la plus grande capacité d'adaptation.
- Charles Darwin

Propulser votre organisation grâce aux thèmes et outils de cette section.

À plusieurs moments, il vous sera demandé de faire un plan d'action. Vous trouverez une section dédiée à la création de plan d'action pour effectuer des changements durables.

Bon succès!

Votre coach professionnelle accréditée, Geneviève

N'hésitez surtout pas à entrer en contact avec moi par courriel ou via les réseaux sociaux. Tous les liens pour me joindre se trouvent sur uniquecoaching.ca.

1. SE GÉRER

Nous avons davantage intégré l'impression confuse et quasi-constante de la culpabilité de chacun par rapport à l'autre que le sens éclairé de la responsabilité de chacun.

– Thomas D'Ansembourg

Définir ce que vous voulez vraiment (2 approches)

Vous est-il déjà arrivé de vous poser des questions sur votre travail, votre vie personnelle ou votre mode de vie? Si oui, jongliez-vous entre plusieurs options ou aucune option?

Comment choisir en période de questionnement?

Je vous partage ici deux approches que j'utilise selon mon besoin du moment. Je vous encourage fortement à provoquer ces moments de réflexion. Certains le font chaque année, d'autres aux trois ans ou cinq ans, ou encore lors d'un événement de la vie (séparation, divorce, décès d'un proche, naissance). Quelle est la meilleure fréquence de révision de vos objectifs pour vous?

La première approche est utile pour faire le point sur sa vie en général.

Répondez à ces questions en éliminant toutes les contraintes qui vous viendraient à l'esprit. Soyez honnête avec vous-même et permettez-vous de rêver!

1. De quoi rêvez-vous?

2. Qu'est-ce qui vous fait sentir bien?

3. Qu'est-ce qui donne un sens à votre vie?

4. Quel environnement géographique vous inspire?

5. Quelles sont vos passions?

6. Avec quels types de personnes avez-vous envie d'être?

7. Quelles valeurs devez-vous cultiver pour réaliser votre ou vos rêve(s)?

8. Quel est l'environnement de travail qui vous stimule?

9. De combien avez-vous besoin d'argent pour le style de vie que vous désirez?

10. Au niveau professionnel, quel niveau de responsabilité êtes-vous prêt à accepter?

La deuxième approche est plutôt en lien avec votre sphère professionnelle. Elle peut être utile lors d'un choix de carrière, transition ou encore simplement pour prendre une décision sur une promotion!

Répondez à ces questions en éliminant toutes les contraintes qui vous viendraient à l'esprit. Soyez honnête avec vous-même.

1. Quels sont les sujets que je connais, quels sont ceux qui m'intéressent ?

2. Quel est le type de personne avec qui je préfère travailler?

3. Quelles sont mes compétences transférables?

4. Quelles sont mes forces?

5. Quelles sont les conditions de travail que je recherche?

6. Quel est le salaire et le niveau de responsabilité que je recherche?

7. Quelles sont mes valeurs?

8. Où est-ce que je souhaite demeurer?

Cela vous donnera l'état actuel des choses ainsi que ce que vous désirez atteindre. Votre plan d'action devrait combler l'écart entre ce que vous êtes et le futur désiré.

Qu'avez-vous à développer? Qui devez-vous rencontrer? Que devez-vous faire?

Comment mettre *ses* besoins en priorité et changer de façon durable

Vous avez certainement déjà entendu que le bonheur des autres passe par notre propre bonheur, ou encore que si vous n'êtes pas heureux et aimant envers vous-mêmes vous ne pouvez pas l'être envers les autres. Dans l'éventualité où vous êtes d'accord, le plus difficile restera souvent de le mettre en application.

Je vous propose cinq façons de mettre votre désir de vous prioriser en pratique.

1. **Définissez** vos besoins et ce que vous avez à changer pour que cela devienne réalité. Assurez-vous que le changement à apporter vient de vous, que vous le voulez vraiment. Autrement dit, qu'il n'est pas dicté par votre environnement externe (une autre personne, une convention, etc.).

2. **Communiquez** à votre entourage vos besoins et vos désirs. Simplement, et de façon structurée. Voici un exemple de structure de communication qui fonctionne bien dans ce contexte:
   - Les faits : J'ai l'habitude d'agir de la façon XYZ dans telle situation.
   - Les sentiments actuels : Cela me fait sentir <sentiment ou émotion>.

- Les nouveaux faits : Je vais donc changer dès aujourd'hui en adoptant tel comportement, ou faire telle action pour me sentir <sentiment ou émotion>.
- Les nouveaux sentiments : Je te demande de respecter mon choix, car à partir de maintenant je respecte ce besoin de <besoin>.

Nous avons rarement appris un vocabulaire exhaustif de sentiments et besoins dans l'éducation moderne. N'hésitez pas à fouiller sur Internet, il en existe des listes et cela pourrait vous aider à mettre les mots justes.

3. **Agissez** tout de suite comme si le changement était effectué!

Mettez-vous en action, une étape à la fois, dès maintenant et faites vivre cette nouvelle réalité! Vivez déjà ce que vous visez! Ce sera peut-être difficile au début, voire déstabilisant de ne pas se sentir « vous-même », mais c'est nécessaire pour vous reprogrammer.

4. **Persévérez**

Soyez patient et indulgent envers vous-même Si vous revenez à votre comportement passé, soyez-en conscient et recommencer à agir comme vous voudriez le faire. Soyez indulgent envers vous-même, changer prend du temps et de la volonté.

5. **Reconnaissez** vos efforts et soyez en fier

Le changement que vous êtes en train d'effectuer vous mènera à une ou plusieurs de vos aspirations. Bravo! Continuez! Félicitez-vous de vos efforts!

À quoi pouvez-vous vous attendre avec cette méthode?

Votre premier résultat concret sera de vous sentir bien en passant à l'action et en adoptant le comportement que vous voulez vraiment. Vous l'aurez vécu, vous aurez envie de le revivre, cela vous motivera. Repensez à ces succès ou au sentiment de fierté qu'ils ont suscité chez vous quand vous vivrez des périodes plus difficiles dans votre adaptation.

Mieux gérer ses réactions dans un contexte professionnel en mouvance

La plupart des environnements de travail sont remplis d'imprévus. Mieux on sait les gérer, moins on est stressé, et plus on a de plaisir au quotidien!

Le stress dû à des imprévus peut engendrer des réactions physiques ou mentales. Voyons quelques exemples et plusieurs trucs à appliquer en situation imprévues ou stressantes.

A- *Soyez conscient de vos réactions physiques*

Voici deux exemples afin d'illustrer le tout de manière concrète.

Exemple #1:Vous devez présenter un projet devant plusieurs personnes et vous vous sentez nerveux et cela paraît physiquement (votre voix, un tic, de la transpiration, etc.).

Truc #1

- Avant la rencontre, retirez-vous dans un endroit tranquille. Vous pourrez être assis ou debout, à votre guise.
- Prenez trois respirations.

- Sentez toutes les parties de votre corps et toutes vos tensions. Commencez par la tête. Continuez avec votre visage, en relâchant les tensions de la mâchoire vous allez probablement constater que votre bouche s'entrouvrira. Continuez avec vos épaules, votre dos, ouvrez votre poitrine. Continuez jusqu'à vos pieds.
- Prenez de nouveau trois respirations et sentez l'air dans votre corps. Vous êtes maintenant prêt!
- Durant la présentation, si vous avez un moment de panique, dirigez votre attention vers votre respiration, souriez et continuez.

Exemple #2: Vous vous faites interrompre par une personne et vous commencez à sentir le stress et l'impatience monter en vous, car les interruptions s'accumulent et vous prenez du retard dans d'autres tâches.

Truc #2

- Regardez la personne, respirez, souriez.
- Décidez si vous prenez le temps avec la personne maintenant ou plus tard.
- Si vous décidez que ce sera plus tard, demandez à la personne de trouver un autre moment selon votre agenda. Ne prenez pas sur vous d'organiser une rencontre : vous êtes déjà assez occupé comme cela!

B-Soyez conscient de vos réactions mentales

Vous savez la petite voix qui vous dit que vous auriez pu faire mieux? Que vous ne réussirez pas cette épreuve? Que vous auriez pu vous forcer un peu plus? Que vous n'êtes pas capable de ceci ou de cela…

Nous avons tous deux voix : une que j'appelle négative et l'autre positive. Il arrive que la voix négative et méchante prenne le dessus sur la positive et gentille. Considérez cette dualité créée par ces voix comme une bataille. Une des deux doit gagner. Pour que la voix positive gagne, il faut lui donner des forces et la nourrir. Plus forte, elle sera en mesure de dompter la voix négative. Vous pouvez imaginer deux animaux, deux chiens par exemple, si vous nourrissez le chien positif, il sera toujours plus fort que le chien négatifet pourra gagner les batailles qu'ils auront ensemble.

✅ Tentez cet exercice

- Donnez un symbole à votre voix positive, un autre à votre voix négative. (un chien positif un chien négatif, un chat un chien, un ange un démon.)
- Sachez reconnaître laquelle vous parle.
- Nourrissez la voix positive avec des affirmations positives. C'est une phrase simple, au présent : Je suis capable de ... / J'ai le droit de ... / J'ai la volonté de ... / Je suis ... / Je réussis à ... / Etc.
- Faites en une habitude, continuez de la nourrir, elle prendra de plus en plus de force.

✅ **Si la voix négative est très forte** et que l'exercice précédent n'est pas suffisant, allez-y avec celui-ci : Écrivez votre débat intérieur sur papier, autant de fois que votre voix négative ne se sera pas tu. Exemples :

Voix positive	Voix négative
Je vais réussir cet examen.	Franchement tu n'as pas assez étudié !
Je vais réussir cet examen.	Tu n'auras pas une bonne note.
Je vais réussir cet examen.	Oublie ça.
Je vais réussir cet examen.	...
Je vais réussir cet examen.	

✅ Exercices complémentaires

- Prenez une marche énergisante: Allez prendre l'air 10 minutes ou plus. Pendant que vous marchez, listez ce que vous avez fait de bien durant votre journée, ou ce que vous voulez bien faire aujourd'hui.
- Avant de vous coucher, faites la liste de vos succès de la journée, de quoi vous avez été fier. Vous pouvez aussi en faire une routine familiale! Demandez à votre conjoint, vos enfants de nommer leur succès avant d'aller dormir.

Augmenter votre leadership dans les situations stressantes

Les leaders veulent bien performer et être à leur meilleur. Ils vivent toutes sortes de situations stressantes et il est normal qu'ils aient des réactions émotives ou excessives à certains moments.

Plus ces réactions seront contrôlées, plus ils auront du succès en tant que leader. Ils profiteront d'un équilibre et leurs collaborateurs sauront prévoir leurs réactions.

Des options lorsque vous n'êtes pas dans votre assiette.

Exemple #1 : Vous avez une rencontre importante avec des collègues, juste avant la rencontre vous vous disputez avec un de vos proches ou vous apprenez une mauvaise nouvelle sur le plan personnel.

Exemple #2 : Vous avez une rencontre et vous êtes ennuyé par l'agenda ou un de vos collègues. Cela vous rend impatient et vous avez du mal à contrôler votre non verbal.

- Option A : Faites mention au groupe que vous n'êtes pas à votre meilleur en ce moment et que vous allez faire de votre mieux pour être présent et constructif (sans détails!).
- Option B : Concentrez-vous sur le sentiment que vous avez à l'intérieur de vous (frustration, irritation, tristesse, etc.). Nommez-le dans votre tête : Je suis irrité.
- Option C : Si vos pensées sont nombreuses et que vous avez quelques minutes devant vous, notez vos pensées sur un bout de papier. Elles resteront là pendant que vous serez présent ailleurs. Vous pouvez aussi symboliquement jeter ce papier.

Quelle option allez-vous privilégier? Quelle autre option serait appropriée pour vous?

Nommer ce qui se passe devrait faire en sorte d'accepter ce qui se passe en vous et ainsi donner toute la place à ce qu'il y a de mieux.

Des options lorsque votre planification n'est pas respectée

Exemple #1 : Vous êtes le leader d'une rencontre d'affaires avec un agenda bien organisé. Durant cette rencontre, un membre propose une idée inattendue amenant la moitié des membres à discuter passionnément. Comment le leader devrait-il réagir ?

1 : Il ramène de façon autoritaire tous les membres à l'agenda.

2 : Il laisse faire et perd le contrôle de la rencontre.

3 : Il reste ouvert et flexible.

Quelles seraient les conséquences de chacune de ces options?

Agir de manière *autoritaire* dans ce contexte risque de créer un malaise général, au moins sur la moitié du groupe. *Laisser faire* n'en fera pas un meeting efficace et pourrait aussi générer de la frustration. La dernière option amène la question suivante : « Comment pouvez-vous contrôler la réunion tout en restant flexible? », en vous adaptant.

Clé #1 Adaptez votre style de leadership à la situation.

Si la bâtisse est en feu, allez-y plutôt de façon autoritaire. Si vous êtes dans une rencontre de remue-méninges, allez-y plutôt en mode collaborateur.

Entraînez-vous à adapter votre style de leadership aux différentes situations. Nous avons tous un style prédominant, il faut s'entraîner dans ce qui est moins naturel pour nous. Soyez à l'écoute de votre intuition, elle se trompe rarement.

Clé #2 Construisez avec les autres

Faites partie de l'équipe, travaillez vers un but commun. En tant que leader, oubliez votre agenda personnel et partagez votre vision. Faites de votre destination le but commun. Vous aurez de meilleurs résultats à plusieurs niveaux. Si vous gérez seul, vous resterez seul. Si vous êtes généreux et partagez, on vous suivra. Traitez les gens comme des numéros, vous en serez un pour eux aussi. Traitez les gens avec respect, ils vous respecteront. Votre agenda est ambitieux et vous travaillez avec eux? Vous réussirez!

Clé #3 En tant que leader, établissez des règles!

Instaurez des règles dans votre équipe. Vous contrôlerez tout en étant flexible, car lors des discussions vous aurez tous les mêmes règles et pourrez les rappeler au besoin.

Quelques exemples :

- Un commentaire négatif, doit être accompagné de trois solutions / propositions.
- Traitez les autres comme vous pensez qu'ils ont envie d'être traités! (contrairement à comment *vous* voudriez être traité.)

Adaptez votre style de leadership à la réalité du moment. Devez-vous décider de façon autoritaire ou devez-vous laisser aux gens vous dire comment eux ils feraient? Être leader c'est bien souvent de tenter de trouver l'équilibre entre ces deux extrêmes... entre le micro et le macro management, entre décider tout seul ou impliquer l'équipe. Il n'y a pas de bonne réponse, il n'y a aucun style de gestion parfait. Il y a votre style, votre équilibre, votre adaptation.

L'empathie quand on n'en a pas envie

Vous est-il déjà arrivé de ne pas « cliquer » avec quelqu'un et que vous étiez en quelque sorte obligé de côtoyer cette personne? C'était un collègue, un membre de la famille élargie, votre patron?

Que faire pour être capable de bien vivre cette relation? Comment la rendre plus légère?

"Je devenais très impatiente *quand j'avais l'impression de perdre mon temps, que les événements n'allaient pas à mon rythme. Je trouvais cela difficile, et* en plus je me faisais reprocher mon non-verbal. Je voyais bien que le fait que je ne puisse pas instaurer une relation avec certaines personnes me causait des problèmes, mais je ne savais que faire."

Pour améliorer votre relation (moyen et long terme)

✅ **Listez trois éléments que vous appréciez chez cette personne**

- Pour vous aider à en trouver :
    - Y a-t-il quelque chose que vous admirez chez cette personne? Une qualité? Quand vous croisez cette personne, ne regardez que les éléments positifs. Par exemple : elle organise bien les rencontres, elle est polie, elle est diplomate, elle s'exprime clairement, elle est généreuse, elle est toujours bien mise, etc.
    - Écrivez-les.
- Gardez bien en vue les éléments que vous avez notés. Par exemple dans votre cahier de note, sur un post-it visible, sur le frigo, dans votre voiture, en fond d'écran de votre tablette, etc.
- Observez-vous changer d'attitude graduellement vis-à-vis cette personne!

Pour les plus courageux, l'étape d'après serait d'inviter cette personne à prendre un café, ou un lunch pour lui dire ce que vous appréciez d'elle. Avec cela, il est certain que votre relation changera et qu'elle sera renouvelée!

✅ **Comprenez le contexte de l'autre**

L'objectif est de relativiser et de créer de l'empathie. La vie de cette personne ne vous appartient pas, et en même temps elle vous impacte. Dessinez-la, comprenez-la et voyez votre relation sous un angle nouveau.

- Prenez une feuille de papier, dessiner quatre quadrants.
    1. Travail : son travail, ses responsabilités, ses problèmes.
    2. Maison : sa famille, ses responsabilités, ses problèmes.
    3. Passé : difficultés, tragédies.
    4. Rêves : objectifs, rêves, ambitions.
- Donnez-vous trois minutes par quadrant pour inscrire le plus d'information que vous pouvez.
- Quand vous aurez terminé, lisez le tout à voix haute avec l'intention de mieux comprendre l'autre.
- Relisez votre liste au besoin.

En comprenant mieux l'univers de l'autre il est plus facile d'être empathique et indulgent.

✅ Réagissez mieux en pleine action (court terme)

Au cours d'une discussion ou d'une interaction où vous sentez que ce sera impossible de vous entendre.

Avant de répondre ou d'argumenter demandez-vous comment cette personne se sent elle vis-à-vis la discussion conflictuelle actuelle?

- Quels sont ses besoins par rapport à la situation?
- Comment pouvez-vous répondre à ses besoins sans sacrifier vos propres besoins?

Souvent, juste en **se** posant ces questions, la tension diminuera.

Choisissez vos batailles avec ces outils!

Comment augmenter son énergie?

Qu'est-ce qui influence votre énergie? Votre environnement? Votre travail? Votre situation financière? Vos relations?

Il y a plusieurs tests disponibles pour faire le point sur son niveau d'énergie. Voici celui que j'utilise où j'explore les sphères suivantes : relations, finances, bien-être et environnement physique.

Voici quelques questions (vous devez répondre par vrai ou faux) :

Relations : Cette sphère est en lien avec les gens de votre entourage et votre comportement avec votre entourage.

- Je n'entretiens pas de relations qui m'ennuient ou me dépriment.
- Je m'entends bien avec mon patron, mes collègues et/ou mes collaborateurs.
- J'adresse des requêtes aux autres au lieu de me plaindre à tout le monde.

Finances : Cette sphère est en lien avec l'argent et votre source de revenu.

- Ma carrière/mon travail/mon entreprise sont sur une voie personnellement et financièrement gratifiante.
- Je manque rarement le travail pour cause de maladie.
- Je règle mes factures à temps.

Bien-être : Cette sphère est en lien avec votre santé et vos habitudes de vie.

- Je prends soin de moi sans attendre lorsque je suis confronté à des problèmes émotionnels ou physiques.
- Je fais régulièrement de l'exercice (2-3 fois par semaine).

- Je prends des vacances au moins une fois par année et deux quand c'est possible.

Environnement physique : Cette sphère est en lien avec les lieux que vous fréquentez (habitation, travail).

- J'habite un endroit que j'ai choisi et que j'aime.
- Je n'accumule ni ne conserve de choses dont je ne me sers pas.
- Je respire bien.

Faites un plan d'action pour les éléments où vous avez répondu FAUX!

Quatre étapes pour développer un sens politique positif

80% de vos objectifs professionnels se réaliseront dans l'informel... et si vous tourniez les jeux politiques en votre faveur, de manière simple et positive?

La réalité est que la « politique » n'a pas bonne réputation ou est rarement bien perçue. Or, il ne faut pas confondre les magouilles et les jeux politiques – oui, ce sont bel et bien des jeux! Il est possible d'être politique de façon positive tout en ayant du plaisir!

Je ne veux pas être porteuse de mauvaises nouvelles, mais si vous voulez avancer dans une organisation, il y a peu de chance que ce soit vos compétences techniques ou opérationnelles qui vous permettront de le faire. Développer vos habiletés politiques peut vous servir à :

- avoir plus d'impact, d'influence et de crédibilité;

- vous démarquer, remplir une mission difficile, augmenter votre reconnaissance ou encore accéder à une promotion.

Nous pensons souvent que les organisations sont des hiérarchies. En fait, elles sont des réseaux. Créez le vôtre en lien et en fonction de votre objectif.

Je vous propose quatre étapes simples pour vous permettre de développer vos habiletés politiques, de façon positive pour atteindre des résultats rapidement.

1. Dites « Bonjour! »

Personnellement, je ne suis pas capable d'attendre à la machine à café à côté d'un inconnu sans lui dire « Bonjour! ». Ce simple geste informel m'a permis de m'intégrer très rapidement dans de nouveaux environnements et rencontrer des gens de tous les niveaux hiérarchiques, de tous les métiers et qui m'ont tous permis de faciliter mon travail à un moment ou à un autre.

Utilisez les ascenseurs, les cafétérias, les machines à café, les transports en commun, votre lieu de loisir, peu importe : dites « Bonjour! » et ne vous attendez à rien.

Dites « Bonjour! » à une nouvelle personne chaque jour, durant 21 jours.

2. Soyez sympathique

Avouez-le : on a tous tendance à aller vers les gens sympathiques. On les invite, on leur demande leur avis, on les implique, on pense à eux pour des opportunités... Déjà, vous vous ferez remarquer par votre « Bonjour! ». Certains engageront la conversation avec vous. Dans ces cas, posez-leur des questions, sur eux ou en lien avec l'endroit où vous vous trouvez. Les gens aiment parler d'eux et se sentir utile.

- Pour chaque personne à qui vous direz « Bonjour! » et que vous sentirez que vous pouvez engager une conversation, posez-lui une question afin qu'elle puisse parler d'elle ou se sente utile.

- Posez une question par jour de ce type à quelqu'un que vous connaissez déjà dans l'organisation.

3. Créez votre réseau

À la suite des requêtes précédentes, vous avez probablement de nouveaux contacts informels et plus d'informations en général. En bonus, je suis à l'aise de m'avancer à dire qu'il y a de fortes chances que vous ayez un peu plus de plaisir au quotidien.

Maintenant, travaillons sur votre objectif d'affaires et vos résultats professionnels. À terme, vous aurez créé un cercle vertueux d'aide : cela signifie concrètement que vous allez aider des gens et que vous allez leur demander de l'aide.

Le simple fait de demander ou d'offrir un conseil crée des liens, stimule les échanges et agrandit également votre réseau.

Faites un plan supportant vos objectifs.

- Définissez votre objectif – Voulez-vous obtenir une promotion? Voulez-vous de l'aide pour faciliter votre travail ou une mission particulière? Voulez-vous changer d'emploi? Voulez-vous de la reconnaissance? Voulez-vous des nouveaux clients?

- Définissez combien de temps par semaine vous accorderez à votre objectif et établissez des moments à cet effet dans votre agenda.

- Trouvez dans l'organisation qui sont les gens que vous devez connaître ou ceux qui vous aideront à les trouver.

✅ Créez votre cercle vertueux

- Faites trois listes :

  a) Nommez les personnes qui doivent faire partie de votre réseau informel pour vous aider à atteindre votre objectif.

  b) Parmi ces gens, listez ceux qui vous doivent quelque chose.

  c) Parmi ces gens, listez les noms des personnes à qui vous pourriez venir en aide

- De façon hebdomadaire, mettez à jour ces listes.

Prenez les devants. N'attendez pas qu'on vous approche. Vous êtes responsable d'atteindre votre objectif et donc de stimuler votre réseau. Dans le doute, pensez que vous devez quelque chose. Ne soyez pas gêné de demander ensuite, les gens aiment se sentir utiles!

En conclusion, intégrez le « Bonjour! » à vos habitudes, soyez bon joueur dans l'informel et ayez du plaisir. Gardez en tête qu'un bon joueur politique est un échangeur – une personne qui reçoit et donne. Vous gagnez le jeu quand vous avez atteint votre objectif!

Comment avoir des conversations difficiles sans conséquences négatives

Et s'il y avait une façon constructive de parler des vraies affaires pour le bien de tous? Beaucoup de gens ont peur de dire ce qu'ils pensent car souvent les conséquences de parler sont pires que d'endurer le problème. Enfin... croit-on.

Dernièrement, j'ai lu et entendu plusieurs exemples intéressants et à tous les niveaux: des infirmières qui n'osaient pas dénoncer certaines collègues qui ne suivaient pas les règles de sécurité/hygiène pour les patients ou encore des programmeurs qui n'osaient pas dire au chef de projet qu'ils ne voyaient pas comment ils pourraient livrer le projet un jour.

Si vous pensez que vous retenir de parler est plus sage et moins risqué que le fait de le dire, c'est peut-être parce que vous avez vécu des conséquences à votre honnêteté ou l'avez constaté en tant que témoin.

Si vous avez des craintes, vous manquez peut-être d'outils. Combien de stress, de temps et d'argent on peut économiser si on peut prévenir les problèmes avant qu'ils deviennent des catastrophes?

1- Faites le point sur le vrai problème

Si votre équipier est en retard et que cela vous cause un stress, quel est le vrai problème? Le fait qu'il soit en retard? Le fait que cela vous mets vous aussi en retard? Le fait que vous perdez confiance en lui?

Les signes que vous n'êtes pas sur le bon problème:

- la solution mise en place ne vous convient toujours pas;

- vous discutez souvent du même problème;
- vous frustrez de plus en plus.

2- Préparez-vous

Si vous pensez que la situation est circonstancielle, ce n'est peut-être pas la bonne bataille. Si par contre c'est une situation qui se reproduit, ça l'est probablement. Faites le test ci-dessous et si vous répondez oui à au moins une de ces quatre questions, c'est signe que de discuter vous enlèvera beaucoup de stress.

- Est-ce que votre insatisfaction vient d'une promesse non tenue?
- Est-ce que votre frustration intérieure commence à paraître à l'extérieur (non verbal, sarcasme)?
- Est-ce que votre intuition n'arrête pas de vous dire d'en parler mais une voix vous dit que « Ça ne se dit pas! »?
- Est-ce que vous voulez parler, mais ne savez juste pas comment vous y prendre pour avoir du succès?

✅ Quelques trucs pour se préparer.

- Mettez-vous dans un état d'esprit respectueux, vous allez parler à un humain égal à vous.
- Trouvez la meilleure approche dans votre introduction considérant le contexte de la personne. Qu'est-ce qui peut rassurer la personne si vous pensez qu'elle sera sur la défensive?

3- Ayez une discussion

- Ne tournez pas autour du pot, ne manipulez pas, allez-y simplement, en toute bonne foi et dans un esprit d'égal à égal qui veut régler un problème et qui est ouvert aux solutions.
- Demandez la permission de discuter.
- Allez-y graduellement, si c'est la première fois que vous avez ce genre de discussion avec la personne restez sur les faits, la deuxième fois parlez du pattern et la troisième fois de la relation. En général, plus le problème se reproduit, plus il laisse des séquelles.
- Rapporter des faits et ramener les conséquences que cela a sur vous.
- Terminez avec une question pour valider votre point de vue.

4- Faites le suivi

Le suivi sert à montrer que la conversation est importante pour vous. Pour le démontrer concrètement, faites vraiment le suivi sur les solutions envisagées.

En conclusion, si vous vous donnez la peine de parler du vrai problème, que vous êtes de bonne foi et respectueux, que vous vous préparez en considérant l'autre et que vous faites un suivi, les chances d'avoir des conséquences négatives sont quasi nulles.

Quels sont les coûts de ne pas parler?

- En ne disant rien à une situation qui vous dérange, ou à une promesse non tenue, vous donnez votre autorisation à ce comportement.
- En acceptant les situations qui ne nous conviennent pas (les vrais problèmes) vous gardez le statut quo dans des relations non satisfaisantes (un boss autoritaire, des relations amicales ou amoureuses

négatives pour vous)... en fait vous vous privez de quelque chose de mieux!

Quels sont les avantages de parler?

- Créer des relations plus positives, plus constructives et plus satisfaisantes.
- Être plus heureux.
- Avoir un travail qui nous plait plus.

Imaginez une situation actuelle où vous aimeriez parler. Et si vous le faisiez, à quoi diriez-vous oui? Qu'est-ce qui pourrait vous arriver de meilleur?

Six étapes pour oser

Pourquoi oser? Pourquoi faire des actions qui nous sortent de notre zone de confort? Comment oser?

Le lien ci-dessous vous mènera à la première capsule vidéo que j'ai produit où je fais quelque chose que j'avais en tête depuis un bon moment. En faire une capsule multiplie par 100 l'inconfort de ce projet! Mon objectif: vous montrer ce que cela fait vivre que d'oser!

Osez vous rendre ici : http://www.uniquecoaching.ca/six-etapes-pour-oser/ et téléchargez l'outil offert!

2. GÉRER LES AUTRES

Quoi qu'il fasse, le gestionnaire est sans cesse poursuivi parce ce qu'il pourrait et devrait faire.
- Henry Mintzberg

Vous, le gestionnaire

Comment définissez-vous votre rôle? Être responsable en ne faisant rien de concret? Prendre des décisions rapidement sur des dossiers complexes? Livrer des dossiers stratégiques en ayant des activités journalières courtes, variées et fragmentées? La gestion est remplie de paradoxes!

Mon avis est que le meilleur gestionnaire est celui qui ne cesse de mieux se connaître, de s'améliorer et qui navigue entre tous ces paradoxes avec équilibre. Plus il trouvera la balance dans sa personnalité de gestionnaire, plus il aura de plaisir et de succès!

1- Vous êtes responsable, mais ne faites rien de concret

J'ai connu des gestionnaires qui valorisaient à l'extrême la décision superficielle : « J'ai pris 50 décisions aujourd'hui! » et d'autres qui n'osaient pas décider... quel est le meilleur équilibre selon vous?

Comment approfondir la réflexion alors que vous ne contrôlez pas tout et que la pression pour obtenir des résultats est omniprésente?

Essayez ceci

- Faites une analyse des impacts et des risques! Même sommaire. Une liste des « pour » et des « contre » permet aussi de relativiser et de supporter la prise de décision.
- Pour les décisions risquées ou vous hésitez... un appel à un collègue ou à son patron pour un 2e avis peut être efficace!

2- Vous devez planifier

Comment planifier, concevoir des stratégies, réfléchir entre le concret et leconceptuel et comprendre les spécificités de chaque situation?

Essayez ceci

- Créez votre routine! Par exemple débutez votre journée en validant où vous en êtes avec vos objectifs et priorités.Faites le point à la fin de la semaine et rajustez.
- Gérez votre agenda de manière réaliste.Bloquez des plages à votre agenda et RESPECTEZ-LES! Par exemple, une en début de journée et une à la fin de la journée. Cela vous permettra de répondre aux urgences, d'être disponible et je vous parie que vous réglerez encore plus de dossiers et éviterez des réunions inutiles.
- Priorisez votre rôle : Que s'attend-on de vous en tant que gestionnaire? Que vous preniez des décisions? Que vous soyez disponible? Que vous soyez au courant de votre domaine? Que vous travailliez sur vos objectifs, vos orientations? Que faites-vous toujours en réunion? Osez-vous dire non?

✓ Quelle routine pourriez-vous mettre en place? Comment allez-vous la communiquer et informer vos intervenants?

3- Vous êtes pris dans un tourbillon opérationnel

Comment gérer le quotidien, les imprévus, les imprévus et encore les imprévus en maintenant le cap dans la bonne direction?

✓ Répondez à ces questions:

- Avez-vous des buts à long, moyen et court terme?
- À quel point vos objectifs vous motivent?
- Que pouvez-vous faire suite à ces constats?

4- Vous êtes déconnecté de la réalité

En tant que gestionnaire, vous devez être informé de ce qui se passe, mais la nature même de votre travail n'est pas d'être « sur le plancher ». Vous devez connaître les dossiers, et en même temps vous ne voulez pas faire de micro management. Quoi faire?

Voici quelques idées :

- Vous pouvez diminuer le nombre d'échelons.
- Vous pouvez aller fréquemment sur le terrain pour comprendre.
- Vous pouvez demander des livrables clairs et mesurables qui vous permettront de bien valider ce qui se passe et en même temps de bien comprendre.
- Vous pouvez impliquer les employés dans les décisions. Lorsque vous ne le pouvez pas, expliquez-leur la décision et demander leur avis.

<u>Les avantages de communiquer régulièrement à tous les échelons:</u>

- Améliorer la prise de décision quotidienne sur tous les échelons.
- Une hiérarchie qui va dans la bonne direction.
- Plus de temps pour les dossiers de fonds.
- Plus de mobilisation et d'engagement des équipes.
- Une culture organisationnelle performante qui veut avancer (vive l'engagement!).
- Moins de contrôle de dommages collatéraux.
- Sortir du mode de gestion "Sauveur" ou "Pompier".
- Être beaucoup, beaucoup moins stressé.

✓ Que pourriez-vous faire d'autres pour vous connecter davantage à la réalité?

✓ Qu'allez-vous faire dès aujourd'hui?

5- Vous avez de la difficulté à déléguer

Comment déléguer quand une grande partie de l'information est de nature personnelle, verbale ou privilégiée? Vous imaginez bien devoir donner l'information, mais ne savez pas comment.

✓ Qu'avez-vous peur de perdre? Qu'avez-vous à gagner?

Si vous êtes gestionnaire, faites de la gestion, pas de l'opérationnel. Pour l'avoir vécu je sais et je comprends que cela puisse être difficile de passer d'un niveau opérations à un niveau gestion, allez-y graduellement et commencez à déléguer.

<u>Comment faire?</u>

- Faites de vos personnes clés des ambassadeurs! Commencez avec les personnes clés de votre équipe. Entraînez-les à vous fournir les résultats tels que vous les attendez et ensuite demandez-leur d'encadrer d'autres projets.
- Déléguez les dossiers les moins risqués ou les moins politiques pour commencer.
- Déléguez une partie d'un dossier.
- Faites équipe avec un ou des membres de votre équipe!
- Invitez certains membres de votre équipe avec vous dans des réunions sur un dossier pour qu'ils comprennent le contexte (le contexte et la vision sont très importants pour la réussite du dossier!)

✅ Que pouvez-vous commencer à déléguer aujourd'hui?

Être gestionnaire est un métier fascinant. Plus vous aurez trouvé votre propre art, et votre personnalité de gestionnaire, plus vous aurez du plaisir et des résultats! Vous découvrirez l'équilibre entre gérer des résultats et gérer des gens, ce qui vous mènera directement au succès que vous méritez.

Le bon patron

"People leave managers not companies. If you have a turnover problem, look first to your manager." Bien que Gallup ait créé cette phrase il y a quelques années, Google confirme que c'est toujours d'actualité.

Comme beaucoup de gens, j'ai (mal) vécu certains patrons. J'ai mon avis sur les caractéristiques des bons ou des moins bons patrons, et je ne suis pas la seule : Internet regorge d'articles à ce sujet. Je vous partage ici une expérience personnelle qui a complètement changé la dynamique de mon équipe, qui m'a permis de livrer de meilleurs résultats ainsi que d'évoluer personnellement.

Je venais d'être nommée dans un poste de direction. Grâce à une relation conflictuelle avec un employé, j'ai réalisé que je devais sortir du mode résolution de problème...

Ce que je veux dire par le mode « résolution de problème » c'est que mon cerveau analysait, cherchait et définissait le problème PENDANT que les gens me parlait. Une fois qu'ils avaient terminé, je lançais ma solution avec fierté. C'est ce qu'on avait toujours apprécié de moi : trouver des solutions et livrer des résultats!

Je n'étais pas différente avec cette personne en particulier qui venait régulièrement à mon bureau. Je trouvais qu'elle parlait beaucoup, même un peu trop. Je ne voyais pas où elle voulait en venir et je ne savais pas quoi faire avec cela. Pour être encore plus honnête avec vous je me pensais à l'écoute, car je travaillais fort à chercher une solution. Surtout, je ne comprenais pas pourquoi notre relation ne s'améliorait pas.

À un moment, j'ai demandé conseil et j'ai reçu : « Tu dois simplement écouter, cette personne ne veut pas de solution, elle veut parler avec toi.» Ce commentaire m'a jeté par terre. Je n'avais jamais capté qu'on pouvait avoir ce besoin de discuter et de développer une relation au travail. J'ai aussi réalisé que je faisais souvent la même chose avec mon propre patron et que les fois où il me poussait une solution, j'en ressortais frustrée.

Aujourd'hui, des années plus tard, je peux vous affirmer que je n'avais pas encore compris toute la portée de ce nouvel éclairage, mais j'avais certes avancé d'un pas de géant!

Donc, je suis partie à la recherche de moyens pour débrancher mon cerveau de ce mode. J'ai lu, j'ai questionné, j'ai testé – avec cette personne, et ensuite avec d'autres. J'en suis arrivée à être plus empathique et aussi à partager des éléments personnels à mon milieu de travail (ce que je faisais peu ou pas).

Quelques trucs pour être plus empathique :

- Chercher à comprendre le fond de l'histoire: il suffit souvent de poser des questions sur le contexte et de reformuler ce que l'autre nous dit.
- Se concentrer à comprendre le fond, et non à chercher une solution.
- Comprendre les émotions et les valeurs atteintes : « Cela doit être frustrant » ou « Je comprends à quel point tu voudrais que ton équipe soit reconnue pour sa contribution. » ou encore « Je vois que tu as utilisé ton bon jugement. »

Mise en situation : Un chef d'équipe vient se plaindre d'un autre chef d'équipe qui récupère tout le crédit d'un dossier, mais qui selon lui a travaillé deux fois moins.

Vous êtes le patron, laquelle de ces deux interventions vous permettrait de créer une meilleure relation?

1. « Calme-toi, va discuter avec ton collègue et trouvez une solution. »
2. « Tu as du courage de venir m'en parler. Je comprends que l'équité c'est important pour toi. Quelles sont les options que tu vois à partir d'ici? »

Comment vous sentez-vous quand vous partagez de l'information personnelle et que l'autre, bien qu'empathique, ne vous partage rien?

Un leader pourrait penser que dans sa position, il doit être (ou avoir l'air) parfait. Le problème c'est que c'est difficile d'entrer en relation avec quelqu'un de parfait... Vous avez une vie, des failles et des besoins vous aussi. Ne pas les communiquer ni les reconnaître ne contribue pas à créer une relation. Je ne dis pas que vous devez parler de votre vie privée, mais vous pouvez partager vos expériences professionnelles ou échanger sur un point commun (la famille, les voyages, votre village natal, votre hobby, etc.). Soyez personnel en ayant pour objectif d'ouvrir un canal de communication vers la réalisation d'un but commun, non de forger des amitiés.

Mise en situation : Un chef de projet démarre un projet avec une équipe qu'il connaît. Il rencontre chaque membre individuellement.

Vous êtes ce chef de projet, laquelle de ces deux interventions vous permettrait de créer une meilleure relation?

1. Quels sont les points que tu aimerais développer particulièrement sur ce projet?
2. Dans ce nouveau projet, j'aimerais améliorer mon analyse d'impacts sur le département XYZ. De ton côté, quels sont les points que tu aimerais développer particulièrement sur ce projet?

Est-ce contradictoire au rôle de gestionnaire de créer une relation avec son équipe?

Mon expérience personnelle de gestionnaire m'amène à répondre que les messages difficiles sont milles fois plus faciles à passer quand on a créé ce canal de confiance avec l'autre. J'ai été capable de donner du feedback difficile, dans un style direct, à des gens et ils m'ont même remercié. Si vous avez une relation de confiance, pourquoi cette personne serait-elle frustrée de vos commentaires? Elle vous connaît, vous la connaissez et vous comprenez vos rôles respectifs.

En conclusion, mon avis sur les bons patrons est très simple : soyez ouvert et apprenez sans arrêt. Pour ma part, je remercie les défauts de mes patrons, car ils ont contribué à ce que je suis devenue. Je ne vous ferai pas croire que je suis parfaite! Je continue à apprendre à chaque jour, et ce, pour le reste de ma vie. C'est mon engagement de coach.

Être gestionnaire n'est pas un métier facile. Il faut le vivre. Même le plus grand théoricien de la gestion le dit (Mintzberg) : la gestion s'apprend sur leterrain.

✓ Suite à cette lecture, que pouvez-vous améliorer et comment allez-vous le faire?

Les quatre risques d'échec du gestionnaire

Le gestionnaire qui réussit est imparfait. L'univers ne s'arrêtera pas de tourner parce que vous vous êtes levé du mauvais pied ce matin, avez été non constructif dans une rencontre avec des collègues ou encore moins souriant qu'à l'habitude. En même temps, tout est dans l'équilibre. Voici quatre risques d'échec du gestionnaire.

Les risques personnels

- Si vous êtes gestionnaire, il se peut que <u>vous n'occupiez tout simplement pas le bon poste</u>. Vous pensiez que vous étiez à la bonne place, et vous n'êtes plus certain. Vous n'aviez pas compris le genre de pression que cela vous amènerait ou encore le rythme ne vous convient pas.

✅ **Quoi faire?** Dans un premier temps assurez-vous de comprendre ce que l'on s'attend de vous. Ensuite, faites le point sur ce que vous désirez vraiment dans votre vie professionnelle, le rôle qui vous convient le mieux en tenant compte de vos compétences, votre potentiel et vos ambitions.

- <u>Vous n'avez peut-être pas toutes les compétences</u>, qu'elles soient relationnelles, personnelles ou plus concrètes (gestion du temps, délégation, etc.). Si c'est le cas et que 1) vous en êtes conscient et que 2) vous êtes enclin à vous améliorer, vous avez déjà un pas d'avance!

✅ **Quoi faire?** Soyez au clair avec ce que vous avez à développer et allez chercher les outils!

Les risques professionnels

- Vous êtes taillé sur mesure pour la gestion, votre approche est personnalisée et équilibrée, mais <u>votre poste actuel est impossible à gérer</u> et c'est l'échec. Ce cas arrive souvent quand le gestionnaire porte plusieurs chapeaux. Suite à des coupures vous vous retrouvez dans un contexte impossible?

Quoi faire? Faites la réflexion honnête et objective du poste et de ce qui est demandé... le meilleur gestionnaire réussirait-il? Que pouvez-vous faire pour améliorer votre situation?

- Vous avez toujours été compétent, équilibré, mobilisateur et parfaitement apte, mais <u>à votre nouveau poste, cela se passe différemment</u>. Vous vous sentez moins solide et vous commencez à vous poser de sérieuses questions sur vos compétences. Soyez conscient que l'expérience acquise et le succès à un poste précédent ne sont pas toujours gage de succès pour le niveau supérieur.

Quoi faire? Dans un premier temps assurez-vous de comprendre ce que l'on s'attend de vous. Ensuite, demandez-vous si vous étiez vraiment rendu à cette promotion ou à ce nouveau poste. Faites le point sur ce qu'il vous manque. Voyez comment vous pouvez combler le manque entre l'état présent et l'état désiré.

Si vous n'êtes pas bien dans votre travail, cela peut avoir des répercussions dans plusieurs sphères de votre vie, et non seulement au travail. **Il existe des solutions!**

Peut-on vraiment tout dire au travail?

En lisant cette question, quelle a été la première réponse qui vous est venue à l'esprit?

Alors, peut-on vraiment tout dire? Spécifiquement lorsqu'on est dans une situation de désaccord ou de malaise.

Voici quelques exemples de chose qu'on peut penser et qu'on n'ose pas toujours exprimer:

- Patron, je ne suis pas d'accord avec votre décision.
- Employé, je trouve que tu exagères ton temps de pauses.
- Collègue, je n'aime pas que tu escalades à mon patron sans m'en parler au préalable.

Quels sont les freins à exprimer nos désaccords ou nos malaises? Peur de faire de la peine, peur de la réaction de l'autre, quoi d'autres? Et s'il y avait des moyens de communiquer pour que ces freins s'éliminent ou diminuent considérablement?

Voici quelques trucs :

#1 Choisissez le bon environnement:

- Est-ce que le mieux est de vous exprimer à votre bureau, dans une salle, au restaurant, à la cafétéria?

#2 Choisissez le bon médium:

- En personne, au téléphone, par courriel

#3 Utilisez ces principes simples :

- **Parlez de vous**, ne parlez pas des autres! Votre phrase devra donc commencer par JE.
- Fiez-vous aux **faits**!
- Qu'est-ce que cette situation génère en vous? **Reconnaissez** la frustration, le besoin d'être rassuré, la jalousie, le besoin de contrôler, etc.

- Que pouvez-vous **faire ou demander** pour avancer?

Si je reprends quelques unes des situations ci-dessus, ça pourrait donner :

- Patron, je ne suis pas d'accord avec votre décision.
  - Patron, le fait d'annoncer la décision de la date de livraison du projet devant tout le groupe me mets mal à l'aise, car j'ai des doutes que ce soit réalisable. J'ai besoin de comprendre pour vous aider. Pouvez-vous m'expliquer d'où est venue cette décision?
- Employé, je trouve que tu exagères ton temps de pauses.
  - Employé, je constate qu'en plus de tes pauses cigarettes, tu pars chercher ton lunch plus tôt et que tu navigues sur Internet à plusieurs reprises durant la journée. J'ai besoin d'offrir une présence et un bon service aux clients. Je te demande de gérer tes pauses avec les barèmes suivants : XYZ.
- Collègue, je n'aime pas que tu escalades à mon patron sans m'en parler au préalable.
  - Collègue, cela fait trois fois que mon patron me remonte du feedback d'amélioration suite à un commentaire de ta part. Je désire une bonne relation avec toi et en ce moment j'ai un malaise. Je te demande de me parler d'abord des situations problématiques que moi ou mon équipe peuvent te causer. Qu'en penses-tu?

Inscrivez maintenant une situation où vous n'osez pas tout dire, préparez votre rencontre et tenez-la!

Comment gérer le risque de déléguer?

Vous êtes nombreux à me dire que déléguer n'est pas toujours facile, et vous avez raison. Vous connaissez sans doute les avantages de déléguer, que ce soit pour vous ou pour votre organisation, et il reste tout de même quelque chose qui fait que vous êtes peu ou pas à l'aise de déléguer.

Je vous propose une réflexion guidée par deux éléments fondamentaux pour gérer le risque de déléguer: une relation de confiance et des attentes claires.

Vous pouvez même réutiliser ces trucs et réflexions pour valider la compréhension d'une tâche que l'on vous délègue. Vous n'en aurez que plus de succès, dans un sens comme dans l'autre!

À qui allez-vous déléguer?

Êtes-vous de la catégorie qui dit régulièrement le type de phrase suivante: « Ce sera mieux fait/plus vite/plus efficace/etc. si c'est moi qui le fait! »? Si vous pensez que vous n'avez personne en qui faire totalement confiance, il peut s'agir des problèmes suivants:

1. Vous n'avez pas la bonne équipe ou les bons partenaires

- De quoi avez-vous besoin pour avoir confiance en eux?
- Quelles sont les compétences que vous recherchez chez vos collaborateurs et partenaires?
- Quelles compétences leur manquent-ils? Comment peuvent-ils les acquérir?
- Nommez deux qualités/forces pour chacune des personnes qui vous entourent et indiquez comment ces personnes peuvent vous aider.

- Si vous aviez confiance en tout le monde, comment cela changerait votre perspective de la délégation?

2. Vous êtes conscient que vos collaborateurs sont capables de vous aider, mais vous n'êtes tout simplement pas à l'aise.

- De quoi vous privez-vous en ne déléguant pas?
- Quels sont les avantages, pour vous, de déléguer?
- Qu'avez-vous à perdre en déléguant?

Comment allez-vous déléguer?

- Quelles tâches allez-vous déléguer?

Déléguez autant les tâches motivantes que celles sont moins inspirantes... Trouvez le juste équilibre entre les tâches plaisantes et intéressantes puis celles qui ne le sont pas: un collaborateur motivé exécute mieux!

- Quel genre de suivi allez-vous faire?

Trouvez le juste milieu entre le contrôle et l'indépendance. Vous ne voulez pas devenir micro, et en même temps agir de façon trop détachée ne vous mettra pas plus en confiance.

  - Quel est le juste milieu selon vous?
  - Quelle entente de suivi pouvez-vous établir avec votre collaborateur? Qu'en pense-t-il?

- Des attentes claires

Voici quelques trucs pour bien expliquer ce à quoi vous vous attendez:

- Définissez les livrables attendus. À quel niveau de détails vous attendez-vous? Pouvez-vous fournir un exemple?
- Communiquez les dates importantes, entre autres la date de livraison attendue.
- Demandez à la personne ce qu'elle a compris
- Faites des validations intermédiaires. Surtout pour les première fois où vous déléguez à une personne en particulier. Cela vous permettra de voir l'avancement de la tâche et une ébauche des résultats.
  - Quel(s) risque(s) êtes-vous prêt à prendre pour bénéficier des avantages de déléguer?
  - Comment allez-vous gérer ce(s) risque(s)?

Pour aller encore plus loin...

- Pratiquez-vous à déléguer! N'attendez pas qu'une crise survienne... vous n'en serez que plus zen dans les moments importants.
- Déléguez les tâches que vous comprenez bien et pour lesquelles vous pouvez exprimer clairement vos attentes.
- Reconnaissez l'aide que l'on vous apporte en remerciant vos collaborateurs.

Quatre facteurs de succès du gestionnaire

Parce que les gestionnaires imparfaits sont capables de se débrouiller avec les risques, voyons comment ils peuvent, dans le cadre de leur travail, mettre en place les facteurs de succès!

Rendez-vous ici pour une capsule vidéo : *http://www.uniquecoaching.ca/les-4-facteurs-de-succes-du-gestionnaire/.*

3. GÉRER SES AFFAIRES

Ce n'est pas le plus fort ni le plus intelligent qui survit, c'est celui qui a la plus grande capacité d'adaptation.
- Charles Darwin

Savoir où l'on veut aller

Dans quelle mesure pensez-vous que d'avoir une vision long terme est important? Quelle est votre vision à vous? Comment allez-vous concrétiser votre vision?

Dans mon expérience passée de gestionnaire, et maintenant d'entrepreneure, j'ai constaté concrètement les gains énormes d'incorporer la gestion du long terme dans mon quotidien. Je comprends que les retombées de ce type de gestion ne sont pas visibles tout de suite, et qu'on apprécie souvent avoir un résultat à court terme. C'est pourquoi j'incorpore dans mon quotidien le court, moyen et long terme, même si cela peut sembler paradoxal.

En transmettant ces trois niveaux de vision à mes partenaires et collaborateurs, j'ai constaté qu'ils étaient plus efficaces : ils avaient l'autonomie d'aligner leurs décisions dans la bonne direction. Pour moi, penser long terme, c'est aussi la construction d'assises solides qui vous rendrons plus fort lors de tempêtes organisationnelles.

Concrètement, les problèmes les plus fréquents que j'entends sont :

- Je n'ai jamais le temps de travailler sur les dossiers de fond à moins de faire du surtemps.
- On me demande de planifier pour l'année qui vient, et on vit des changements organisationnels à tous les six mois!
- Il me semble que je ne fais qu'éteindre des feux!
- C'est impossible de simplement maintenir ma liste de tâches à jour.
- Les résultats livrés par l'équipe en lien avec les objectifs annuels ne correspondent pas à mes attentes.
- Les systèmes et les processus définis il y a un an sont déjà désuets.

La question que j'ai envie de vous poser est : Avez-vous des buts?

Établissez vos buts à court terme!

Qu'est-ce que je veux avoir accompli d'ici la fin de la journée? Cette semaine? D'ici un mois?

- Au quotidien, gérez les imprévus en vous ramenant à votre objectif de la journée et priorisez en conséquence.
- Ayez une gestion du temps réaliste! (Des rencontres une à la suite de l'autre du matin au soir, est-ce vraiment réaliste en tenant compte de votre charge de travail opérationnelle et de vos projets à livrer?)
- Déléguez : tout seul on avance plus vite, en équipe on avance plus loin.
- Donnez-vous le droit de dire non, proposez des alternatives.

Établissez vos buts à moyen terme!

✅ Qu'est-ce que je veux avoir accompli d'ici les trois prochains mois et/ou « d'ici la fin de l'année », « d'ici l'été », etc.

- À chaque mois, faites un point sur vos buts à moyen terme et ressortez-en avec un plan d'action.
- Réalignez-vous et modifiez votre plan au besoin. (On a le droit de modifier un plan! En même temps responsabilisez-vous envers vos propres buts...)
- Profitez-en pour faire le point sur vos buts à long terme. Êtes-vous alignés?

Établissez vos buts à long terme!

✅ Quelle est ma vision d'ici trois ou cinq ans? À quoi est-ce que je veux que ma vie ou mon entreprise ressemble?

- Plus la vision est loin dans le temps, plus elle risque d'être vague ou incomplète. De mon côté certaines parties sont très claires et d'autres moins. Est-ce une musique qui vous inspire pour votre futur? Est-ce une image? Est-ce des mots? Est-ce un graphique? Un document? Laissez votre créativité vous guider pour cet exercice!
- Votre vision doit **vous** inspirer.
- Laissez-vous accompagner par un coach professionnel dans l'établissement de vos buts et dans l'exécution de votre plan d'action.

Personnellement, lorsque je me rends compte de certains comportements (stress, livrables en retard, procrastination), je reviens à ma base, à mes buts.

Investissez dans vous et dans votre vision, elle ne peut que vous mener là où vous le voulez bien!

Trois étapes pour prendre plus de risques

Nous sommes dans une économie de créativité, où l'innovation contribue à la pérennité des entreprises. La pression à laquelle est soumise l'entreprise s'applique aussi aux individus. Les plus ambitieux feront preuve d'audace pour se démarquer.

Que ce soit pour vous ou vos affaires, prendre des risques ne peut, à mon sens, que vous permettre de créer une entreprise plus profitable ou une carrière plus satisfaisante.

Je vous propose trois étapes pour vous aider à prendre plus de risques.

1- Soyez convaincu (vision à long terme)

Si vous n'osez pas prendre de risques en ce moment, si vous avez des doutes, demandez-vous si vous êtes vraiment convaincu de votre projet, de votre idée ou de votre vision.

Que ce soit pour développer un nouveau produit, un nouveau créneau ou pour accéder à une promotion, vous devez être certain de ce que vous voulez. De plus, il faudra être capable de l'exprimer en termes simples.

Vous aurez terminé cette étape quand vous sentirez que les gens à qui vous en parlez seront convaincus : si vous les convainquez, vous êtes convaincu!

- Notez votre conviction actuelle envers votre vision sur une note de 1 à 10.
- Faites un plan d'action avec ce que vous devriez faire pour vous rendre à 10.
- Décidez dans combien de temps vous voulez que votre vision devienne réalité.
- Donnez-vous les moyens de réussir en identifiant déjà les obstacles possibles et comment les contourner.

2- Passez de la vision à la réalité (objectifs à moyen terme)

Comment pourriez-vous rendre votre vision réalisable? Quelles seraient les grandes étapes de sa faisabilité?

Il se peut que vous ayez de la difficulté à définir les étapes principales. Donnez-vous la peine et tentez de le faire le plus possible, du moins pour les premières étapes. L'idée est de transformer la vision en étapes concrètes pour vous permettre de vous en servir comme guide des priorités.

Plus la vision est claire, plus les priorités sont faciles à déterminer, moins vous tournez en rond et, en conséquence, plus vous êtes efficace.

À faire

- Définissez vos étapes principales sous forme d'objectifs mesurables et définis dans le temps. Par exemple : « Dans 4 mois [temps], j'aurai commercialisé la première version d'un nouveau produit [mesure = commercialisation] pour ce créneau. »
- Donnez-vous les moyens de réussir en identifiant les obstacles possibles et comment les contourner.

3- Gérez le tout comme un projet d'innovation (objectifs à court terme)

L'idée ici est de gérer les risques potentiels. Gérez votre projet par petits objectifs (itérations, phases) et rajustez votre plan au fur et à mesure.

Pour un projet d'affaires

- Choisissez des gens de confiance.
- Faites-les adhérer à votre vision.
- Donnez-leur le plein contrôle sur la zone que vous aurez définie.

S'il n'est pas naturel pour la culture de l'entreprise de fonctionner de cette façon, adressez la culture d'entreprise, sinon la culture ne fera qu'une bouchée de votre stratégie.

Prendre plus de risque vous mènera à plus de succès et plus de confiance en vous. La vision étant souvent intuitive et irrationnelle, le fait de la rendre claire et concrète est une méthode qui fonctionne pour moi. C'est l'audace de suivre ses passions tout en se garantissant des résultats!

Comment créer (simplement) des indicateurs de performance

En tant que gens d'affaires, vous savez ou vous vous doutez bien que des faits objectifs sont d'une utilité sans borne lorsque l'on demande de l'argent, lorsqu'on veut mesurer nos ventes, notre productivité, etc. Vous n'avez rien en place?

Je vous propose des étapes simples pour créer et mettre en place facilement des indicateurs de performance.

1- Définissez clairement le besoin

À quelle question voulez-vous répondre par ces indicateurs? Quelle sera l'utilisation qui en sera faite? (justifier un budget, analyser un taux de roulement, valider le succès d'une initiative ou d'un projet, etc.). Quel sera le gain d'avoir cet indicateur? Que risquez-vous de perdre si vous n'avez pas cette mesure?

Commencer à bâtir un tableau pour lister les indicateurs à créer :

- indicateur
- objectif de la mesure (pourquoi vous mesurez cela)
- fréquence où vous désirez avoir cet indicateur
- priorité

2- Faites-vous aider!

Qui pourrait vous aider dès aujourd'hui? La comptabilité? Le service des achats? Les ressources humaines? L'équipe TI avec une extraction de données que vous pouvez manipuler dans Excel? Il y a des solutions simples et créatives! Vous n'êtes pas la seule personne qui a des besoins. Un collègue? Un membre de votre réseau? Inspirez-vous des autres et récupérez la connaissance!

Vous pouvez ajouter de nouvelles colonnes dans votre tableau : .

- Qui peut vous aider?
- Quel outil allez-vous utiliser?

3- Valider

Valider ces indicateurs avec votre intuition, les opérations ou d'autres intervenants. (J'ai souvent vu des patrons demander un suivi budgétaire à ses gestionnaires puis le demander aussi au département comptable, avec pour résultat des données différentes...).

✅ Vous pouvez ajouter de nouvelles colonnes dans votre tableau,:

- Qu'allez-vous faire pour tester que l'indicateur fournie la bonne information?
- Avec quel fait réel pouvez-vous comparer votre indicateur?

4- Faciliter

Maintenant vous avez des indicateurs en place... Qui lit vos rapports? Quelle interprétation est-elle faite?

Facilitez l'interprétation pour le lecteur! Vous réussissez à mesurer le taux de roulement, et ce mois-ci il est plus élevé, voire anormal. Votre contexte actuel est que vous avez embauché un nouveau superviseur et avez un nouveau compétiteur sur le marché. Si vous ajoutez dans une colonne « commentaires » :

- Arrivée du compétiteur XYZ. Besoin de revoir la stratégie de rétention. Dossier en cours aux ressources humaines. Cela enlèvera *d'emblée la perception que c'est le nouveau superviseur.*
- OU Arrivée du nouveau superviseur avec des méthodes de gestion différentes. Besoin de plus de supervision, coaching et plan d'action clair. Le fait d'avoir un nouveau compétiteur n'aide pas la situation, nous devons réagir rapidement.

Le contexte et surtout les actions à poser sont très différents, avec le même chiffre! **Ne justifiez pas, passez en mode solution!**

- Présentez ses indicateurs de vive voix. L'objectif est de valider la compréhension des données. (Il s'agit que votre patron ne comprenne pas, qu'il en parle à son patron et vous voilà parti dans une boucle sans fin d'incompréhensions mutuelles). Il n'y a rien comme une discussion lorsqu'on parle de productivité. Lorsque ce n'était pas possible, la colonne commentaires peut être assez puissante! Il faut qu'elle soit concise, factuelle, objective et orientée solution.

Gérer les incompatibilités personnelles sans impacter négativement vos affaires

Êtes-vous compatible avec votre associé, votre investisseur, vos partenaires? Sinon, comment gérez-vous cette situation? On observe généralement trois stratégies possibles pour gérer des relations complexes: s'unir, combattre ou partir.

Voici une brève description de ces trois stratégies:

S'unir : Il y a toujours moyen de s'unir professionnellement si vous tenez vraiment à votre emploi et que vous êtes capable de lâcher prise. S'unir n'est pas subir. S'unir c'est consciemment créer une alliance malgré les différences. Cela n'est pas négatif ni pénible, c'est ce qui est, complètement assumé.

Combattre : Cette stratégie consomme généralement beaucoup d'énergie et perpétue un cycle négatif. Là vous n'êtes pas bien, vous argumentez, vous ne trouvez pas le moyen de vous unir. Vous avez déjà peut-être tenté de régler la situation. Qu'est-ce qui vous fait rester?

Partir : Quand la situation ne nous convient pas, que les stratégies d'union et de combat ne conviennent ou ne fonctionnent pas, vous pouvez décider de changer de département, d'entreprise, de type d'emploi, etc.

Discutons donc de l'union: comment pouvez-vous faire équipe avec votre patron, dans un cas d'incompatibilité?

Exemple #1 : Vous avez besoin d'attentes claires de vos investisseurs et ce que vous recevez est flou pour vous.

Truc pour s'unir:

- Ne restez pas en attente, n'attendez pas l'impossible! Évitez de tomber dans un cycle de procrastination. Osez avancer et en même temps validez fréquemment que ce que vous faites correspond aux attentes en proposant des solutions concrètes. (Que penses-tu de tel livrable? Est-ce que cela répond à tes attentes? Qu'améliorerais-tu sur ce rapport?) .Cela évitera de vous démotiver et vous permettra d'atteindre des résultats!

Exemple #2 : Vous êtes très détail et votre associé préfère que vous soyez synthétique? Vous aimeriez bien qu'il vous écoute, mais vous voyez bien qu'il a un manque d'intérêt…

Trucs pour s'unir:

- Trouvez quelqu'un d'autre à qui tout raconter et maintenez une bonne relation avec votre associé!

- Assurez-vous qu'il comprenne l'essentiel, surtout s'il doit vous représenter. Demandez-lui les enjeux les plus importants pour lui, ce qu'il a compris du dossier et fournissez-lui une synthèse répondant à ses besoins. De quelles informations a-t-il besoin?

Exemple #3 : Votre associé est détail, contrôlant, technique, etc., et vous non? Que tout doit être fait à sa manière? Comment pouvez-vous répondre à ses demandes et vous respecter en même temps?

Trucs pour s'unir:

- Si cela vous bloque dans votre productivité, assurez-vous qu'il comprenne bien les enjeux et qu'il s'approprie le problème. Il y aura beaucoup plus de chance que les choses bougent si vous rendez les conséquences visibles que si vous discutez de vos problèmes avec votre entourage personnel!
- Demandez-lui ce qu'il attend de vous exactement et comment vous pouvez travailler ensemble de façon plus agréable.

Vous avez tenté de vous unir et cela ne vous satisfait pas? Faites-vous accompagner!

Comment s'adapter dans un contexte en mouvance

Pour moi, les meilleurs gestionnaires et dirigeants possèdent au moins ces deux qualités: ils se connaissent et ils s'adaptent.

S'adapter veut dire être ouvert, curieux, apprendre et s'ajuster. C'est un cercle vertueux qui permet d'être encore meilleur, plus performant et d'être plus satisfait dans sa vie professionnelle. Plus vous vous connaissez, plus vous savez ce que vous voulez, plus vous êtes enclin à faire les bons choix pour vous.

1- Ayez confiance, sans être arrogant

Est-ce possible d'être modeste et confiant? Comment développer une confiance *intérieure* et s'entourer de gens ayant cette aptitude?

La gestion étant ce qu'elle est (complexe et pleine de subtilités, faisant appel à un mélange d'habiletés « hard » et « soft »). Une personne mature émotionnellement sait s'adapter aux défis et aux nombreux paradoxes de gestion que son poste lui apportera.

La maturité est en quelque sorte l'indice de confiance intérieure, non un nombre d'années. Comment tester la maturité d'un gestionnaire?

Mes trucs :

Utiliser des questions que l'on pourrait retrouver dans un test d'intelligence émotionnelle:

- Que faites-vous quand votre humeur change? Et avec l'approche comportementale : décrivez-moi une situation où votre humeur a changé, ce que vous avez fait, ainsi que les résultats obtenus.
- Comment gérez-vous les émotions de vos subordonnés au travail?
- La direction demande de traiter un dossier important en tenant compte de XYZ, ton avis est plutôt de tenir compte d'ABC et tes subordonnés pensent plutôt que GHI sont les plus important... Comment gères-tu cela?

Pour vous. Vous désirez augmenter votre confiance en vous ou encore faire preuve de plus d'adaptation?

Mes trucs :

1. Définissez comment vous voulez vous positionner dans votre rôle. (Comment voulez-vous être perçu?)
2. Faites l'analyse différentielle entre ce que vous projetez aujourd'hui et ce que vous désirez atteindre. Si vous n'êtes pas certain de votre image actuelle, je vous conseille de demander une rétroaction sur des aspects déterminés à des collègues ou des gens de votre réseau en qui vous avez confiance.
3. Faites un plan d'action sur ce qui manque.

Vous pouvez aussi faire un test d'intelligence émotionnel et vous faire un plan d'action par la suite!

2- Adaptez-vous

Tout bouge autour de vous? Comment pouvez-vous faire pour vous adapter tout en conservant la continuité?

Vu son rôle, le gestionnaire ou le dirigeant est là pour « garder le fort » et en même temps initier ou appliquer des changements. J'adore ce paradoxe, car tout est dans l'équilibre, la confiance et la flexibilité. Il faut avoir une bonne confiance en soi pour être à l'aise dans l'inconnu. Il faut aussi, selon moi avoir un style de leadership propice à rendre les subordonnés à l'aise dans le changement.

Quand ça va trop vite et que vous avez besoin d'une pause, voici quelques trucs qui peuvent vous aider :

- Rappelez-vous l'objectif du changement, la légitimité. Si ce n'est pas clair, allez valider car par votre rôle, vous êtes porteur.
- Prenez une pause. Allez prendre une marche!
- Faites le point sur votre réserve d'énergie.
- Soyez indulgent avec vous-même.

PASSEZ À L'ACTION

Pour mettre toutes les chances de succès de votre côté, voici des éléments clés et un guide pour supporter votre démarche. Pour passer à l'action, tout comme en affaires, il faut avoir un but à long terme, votre projet professionnel, disons sur un horizon d'environ un an. Puis ce projet sera découpé en objectifs à moyen terme. Pour atteindre un objectif, vous devrez faire un plan d'action concret, autrement dit planifier le court terme.

Comment définir son projet?

Répondre aux questions suivantes peut vous aider à bien définir votre projet.

* Qu'est-ce qui pourrait donner un sens à votre travail?
* Que voudriez-vous accomplir?
* Quel est la finalité à atteindre?

Votre projet peut concerner votre équilibre de vie professionnelle-personnelle, votre désir d'évoluer dans votre travail, votre désir de créer quelque chose, allez-y!

Comment définir ses objectifs?

Les objectifs doivent être très concrets. Plus ils seront définis sous le gabarit suivant, meilleures sont vos chances qu'ils vous motivent et qu'ils réussissent!

(R)éaliste: Il est ni trop facile, ni trop difficile; il peut être atteint. Il faut un certain niveau de difficulté pour qu'il soit motivant.

(A) terme : Il a une échéance.

(M)esurable :Il a un indicateur qui permettra de savoir s'il est atteint ou en voie de l'être. Vous devez pouvoir être certain d'avoir atteint ou non votre objectif.

(P)ertinent: Il doit vouloir dire quelque chose pour vous et vous aider à atteindre un statut différent.

(S)pécifique : Il est relié à quelque chose de concret qui doit être réalisé.

Voici quelques exemples :

- À la fin du prochain trimestre, avoir réalisé un chiffre d'affaires de X$.
- Au 31 décembre, avoir augmenté à 300 le nombre de clients satisfaits.
- Avoir eu des relations fructueuses avec mon patron à partir d'aujourd'hui.
- Avoir cessé de travailler le soir et les fins de semaine à compter du 1er du mois prochain.

Comment faire un plan d'action?

Votre plan d'action est votre guide. Vous pouvez utiliser le niveau de détail qui vous convient le mieux : stratégies, principales activités ou les tâches. Il peut être ajusté au fur et à mesure! Comme nous l'avons vu jusqu'à présent, tant que votre projet est clair le reste peut s'adapter. Vous avez la direction, à vous de trouver le meilleur chemin!

Alors pour chacun de vos objectifs, indiquez les stratégies / activités / tâches requises puis leur échéances.

Par exemple :

Projet : Me positionner stratégiquement dans l'organisation pour accéder à une promotion.

    Objectif #1 : Pour les prochains trois mois, avoir fait une intervention efficace à chaque comité de direction.

        Action : Suivre une formation sur les habiletés politiques cette semaine.

        Action : Embaucher un coach professionnel cette semaine, pour m'aider à intégrer mes nouveaux apprentissages et changer mes comportements.

        Action : ...

    Objectif #2 : Avoir réglé les conflits avec mon collègue Pierre, ainsi qu'avec le collègue de mon patron Roger.

        Action : Avoir une conversation franche et constructive avec ces deux personnes d'ici le prochain mois.

Comment changer une habitude?

Ça y est, vous avez votre plan d'action bien en main. Voici un guide pour vous aider à VRAIMENT changer! Souvent, pour appuyer nos actions, il y a des comportements personnels à changer – nos habitudes.

1. Sélectionnez un élément à la fois!

Bien que cela puisse être tentant de tout faire et tout changer en même temps, sachez que le succès se réalisera un pas à la fois! C'est seulement en y allant étape par étape que vous pourrez intégrer vos nouvelles habitudes dans votre vie.

2. Gérez le risque

Prenez une feuille et inscrivez :

A) Votre nouvelle habitude;

B) Trois sources de motivations pour y arriver;

C) Inscrivez les obstacles possibles;

D) Comment vous les contournerez.

Par exemple :

Nouvelle habitude à intégrer : Prendre 2 heures de temps personnel par semaine.

Motivateur #1 : éradiquer mon stress!

Motivateur #2 : être plus effice au travail

Motivateur #3 : avoir meilleure humeur à la maison

Obstacle possible #1 : surplus de travail

Je vais contourner cet obstacle en :

- apprenant à mieux déléguer;
- ayant des objectifs et des priorités plus clairs.

Obstacle possible #2 : perdre le focus et la motivation de cette nouvelle habitude

Je vais contourner cet obstacle en :

- prenant le temps de décider la bonne activité pour moi, selon mes goûts personnels;
- Je vais commencer par 1h durant les trois premières semaines, puis ensuite à 2h.
- Je vais informer ma famille et amis de ma nouvelle habitude et leur dire combien c'est important pour moi.

CONCLUSION

Vous avez à présent plusieurs outils en main pour vous aider à mieux vous gérer, gérer les autres et gérer vos affaires. Tous ces outils, restent... des outils.

Rien ne vaut le ressenti du changement. Si vous désirez vraiment changer et vous améliorer, et que vous y mettez tout votre cœur, tous les changements de comportement et les apprentissages de compétences de gestion et d'affaires ne pourront que réussir. Vous aurez du succès!

Le coaching professionnel peut vous aider grâce à sa structure et ses outils si vous travaillez sur les bons projets. Un coach professionnel est habilité à vous accompagner dans la définition des projets qui sont les plus importants pour vous. Votre désir de réussir, une structure et des outils feront de vos projets un succès!

Qu'allez-vous accomplir maintenant?

Au plaisir d'avoir de vos nouvelles et d'accueillir vos commentaires par courriel ou via les réseaux sociaux. Vous trouverez toutes mes coordonnées sur uniquecoaching.ca.

Votre coach professionnelle accréditée,

Geneviève ☺

RÉFÉRENCES

- What color is your parachute 2008 – 2011?, Richard N. Bolles
- Documents de formation du C.H.E.K Institute – Holistic Lifestyle Coach Level 1, Paul Chek
- How people change, Allen Wheelis
- Leadership presence, Belle Linda Halpern et Kathy Lubar
- The Energy Bus, Jon Gordon
- Outils fournis par Coaching de gestion inc.
- Energy addict, Jon Gordon
- Cessez d'être gentil, soyez vrai, Thomas D'Ansembourg
- Gérer (tout simplement), Henry Mintzberg
- The Tipping Point, Malcom Gladwell
- Le macroscope (vers une vision globale), Joel de Rosnay
- Solving though problems, Adam Kahane
- Whatever you think, think the opposite, Paul Arden
- ICF Québec (icfquebec.org)

TABLE DES MATIÈRES

www.ingramcontent.com/pod-product-compliance
Lightning Source LLC
Chambersburg PA
CBHW031953190326
41519CB00007B/779

9783639834697